오늘의문학
시인선
450

# 닿는 발길마다

강임구

2시조집

오늘의문학사

# 닿는 발길마다

강임구 2시조집

발 행 일 | 2019년 5월 31일
지 은 이 | 강임구
발 행 인 | 李憲錫
발 행 처 | 오늘의문학사
출판등록 | 제55호(1993년 6월 23일)
주　　소 | 대전광역시 동구 대전로867번길 52(한밭오피스텔 401호)
전화번호 | (042)624-2980
팩시밀리 | (042)628-2983
전자우편 | hs2980@hanmail.net
카　　페 | cafe.daum.net/gljang(문학사랑 글짱들)
cafe.daum.net/art-i-ma(아트매거진)

공 급 처 | 한국출판협동조합
주문전화 | (070)7119-1752
팩시밀리 | (031)944-8234~6

ISBN 978-89-5669-858-8
값 9,000원



* 이 도서의 국립중앙도서관 출판예정도서목록(CIP)은 서지정보유통지원시스템 홈페이지(http://seoji.nl.go.kr)와 국가자료종합목록시스템(http://www.nl.go.kr/kolisnet)에서 이용하실 수 있습니다. (CIP제어번호 : CIP2019020180)

2019~2021 대전 방문의 해

* 이 책은 대전광역시와 대전문화재단에서 사업비 일부를 지원받았습니다.

# 닿는 발길마다

序詩

# 닿는 발길마다

낯섦을 접어두고 수십 년 살았던 듯
맞잡는 손길마다 화안한 웃음 피워
타향도
고향인 듯이
주고받는 인사말

아픔을 곱게 씻어 꿈나무 싹 틔우고
새 땅에 새 정성으로 떡잎을 길러내면
발길이
닿는 곳마다
열매 맺어 익는다.

닿는 발길은 수줍고 낯설다. 희망이 있는 반면 두려움이 있다. 고향을 떠나 닿는 발길마다 소망을 안고 역사를 쌓으며 도전의 깃발을 올렸다. 이제 그 소망의 깃발 끝에 희망의 열매가 맺어 씨앗으로 여물고 있다. 씨앗을 차곡차곡 생의 곡간에 채울 일이다.
짧고 옅은 가을 햇빛이라도 허투루 버리지 말고 손바닥으로 받아야겠다. 겨울의 눈보라 오기 전에….

## 목차

## 목차

## 제3부 2017 丁酉年



## 제4부 2018 戊戌年

# 제 1 부

—

# 2015
# 乙未年

# 바다 가는 길

조롱박 꿰어 차고 달려온 옛 신작로
구름은 산을 베고 시름을 잊었건만
산등성
굽이 돌아서
갈 길 바쁜 인생길

희망을 둘러메고 걸어온 자갈 길에
한낮의 햇살 안은 청송의 바람소리
숨차게
달려온 세월
모래밭에 앉는다. - 150818

# 우산

주름진 행주치마
근심을 막고 서서

비 맞고 우는 소리
가슴을 적시지만

날 개고
가는 길 위에
지팡이로 서 있다. - 150902

# 천둥

가슴에 맺힌 한은
먹구름 되었겠지

뒤엉켜 부딪치며
울부짖는 외마디

소낙비
한바탕 쏟고
눈물줄기 거둔다. - 150902

# 파도

그립고 정든 얼굴 떠오르는 수평선
배 한 척 지나칠 때 안부를 물어본다
살다가
외로워지면
고향 찾는 방랑객

어둠을 벗어버린 싱싱한 붉은 태양
은쟁반 받쳐 들고 하루해를 씻어주면
바람은
구름을 몰아
앞서가며 오란다

당기고 밀어가며 도달한 땅 언저리
반갑게 덥석 잡아 지난 세월 물어보고
구름의
그림자 가듯
스치고 돌아선다. - 150927

# 허수아비

참새들 모여앉아
잔칫상 받았는가

성질난 허수아비
윗옷을 벗어들고

훼방꾼
조잘거림에
불호령을 날린다. - 151029

# 재채기

어디쯤 오고 있나
마중 길 실눈 뜨고

하는 일 멈추어라
날벼락 천둥소리

비바람
찰나에 가고
맑은 하늘 개였다. - 151029

# 낙엽

나선 길 어디인지 방향을 알지 못해
바람에 길을 묻다 비질에 쓸려간다
가지 끝
바라보면서
목 메이는 애간장

야윈 몸 가는 길에 찬바람 불어오고
늦가을 잦은 비에 옷자락이 젖어도
한 여름
꿈꾸던 동산
추억되어 살아있다. - 151122

# 눈雪

폭포수 떨어지듯
꽃송이 쏟아지고

나목 사이 앞 다퉈
찾아가는 보금자리

꽃잎이
녹는 길가에
봄기운이 새롭다. - 151204

# 제 2 부

—

# 2016

# 丙申年

# 분재

눈보라 물러가고
봄바람 불어와도

뒤틀고 찍어 눌러
힘에 부쳐 굽은 허리

관절이
꺾인 마디에
피눈물이 맺혔다. - 160120

# 입춘

칼바람 버릇없이
두 뺨을 쓰다듬고

흰 눈에 시린 가지
솜이불 덮어줘도

봄맞이
스멀대는 가슴
벙그리는 이 설렘. - 160215

# 기억

바람이 지나가며
한 겹을 들춰보고

눈송이 녹아내려
한 층을 벗겨내면

날마다
감춰진 속살
드러날까 두렵다. - 160223

# 회상回想

세월을 먹고 늙은
빛바랜 사진 속에

낯익은 젊은 화상
가는 곳 어디인지

인생길
돌고 돌아서
가야할 곳 찾는다. - 160229

# 청자青瓷

은하수 길어 와서
갓 피워낸 꽃송이

품고 있는 체취는
변치 않는 천년 향

샛별이
머무는 곳에
장인 정신 감돈다. - 160301

# 꽃샘추위 1

겨우내 움튼 새싹
손 안에 꺼내들고

새 희망 열어 나갈
들녘을 찾아가면

절기를
꺾은 몽니에
여린 손이 시리다. - 160226

# 봄 1

입춘의 햇살 배인
밥상의 햇미나리

초록에 묻어나는
옛 시절 정든 이웃

첫 숟갈
가볍게 들고
고향 소식 묻는다. - 160319

# 시계

되돌아갈 수 없고
멈출 수도 없는 외길

외로운 홀몸으로
긴 세월 세며 간다

지친 몸
멈춘 뒤에야
내 보이는 속마음. - 160321

# 조화造花

핏기 없는 얼굴에
눈 맞춤 더할수록

근심에 시나브로
말라버린 눈물샘

눈웃음
가득 머금고
시린 마음 달랜다. - 160327

## 명상瞑想

고요는 생각 좇아
밤길 가는  달의 여정旅程

닿는 곳 알 수 없어
앞세워 가는 시간

한 줄기
흐르는 달빛
맑은 마음 틔워낸다. - 160329

# 봄 2

찬바람 떠난 자리
양지바른 언덕에

봄 햇살 씨를 품고
앉을 자리 찾고 있다

벌 나비
꽃대궁 찾아
쬐고 있는 한나절. - 160329

# 꽃샘추위 2

봄바람 속삭임에
깊은 잠 깨어나서

설한을 견딘 새싹
혼자 나선 봄 마실

해거름
돌아가는 길
얇은 옷이 안쓰럽다. - 160408

# 민들레

보내는 어미 마음
슬픔을 어쩌라고

하늘하늘 손 흔들며
바람 따라 가는 자식

재회를
기다리면서
꽃대궁만 서 있다. - 160410

# 벚꽃

무심코 길을 가다
우연히 만난 꽃비

화사한 웃음들이
어깨에 내려앉아

속삭임
나누기 전에
임을 찾아 떠난다. - 160416

# 회 한 접시

울렁임 뱃멀미로
뱃고동 토해내고

텅 빈속 허한 몸에
풀잎 베고 누운 속살

모두가
입맛 다시며
목울대를 세운다. - 160422

# 부산역

짬 내서 올낍니더
기다리진 마이소

오겠다는 약속도
안 온다는 말도 없이

저마다
그림자 따라
멀어지는 이별들. - 160422

# 욕심

인생길 굽이굽이
따라오는 그림자

떨쳐내고 타일러도
길목마다 서 있다

노을빛
가슴에 담아
비춰보는 그 얼굴. - 160501

# 해운대

셀 수 없는 근심을
모래밭에 묻어두고

새로운 설렘으로
묵고 가는 하룻밤

파도는
숨겨놓은 욕심
밤새도록 쓸어간다

이른 아침 빈 배 한 척
희망 찾아 가는 길에

문을 연 하늘 가득
어려 있는 금빛 기운

마음의
날개를 펼쳐
황금 햇살 담는다. - 160424

# 옥상에서

햇살을 거부하는
우람한 시멘트 집

길모퉁이 울고 있는
갈 길 바쁜 바람에게

신호등
파란불 켜서
바람 길을 터준다. - 160630

# 바퀴

앞날의 수레바퀴
내 한 몸 싣고 가며

손안에 잡고 있는
구름다리 건너가도

희망을
잡지 못하는
은빛 햇살 바큇살

그림자 앞세우고
되돌아 오는 길에

찬바람 부대끼며
바큇살 풀어져도

나 혼자
내딛는 발길
헤쳐가며 걷는다. - 160704

# 시화전

발꿈치 살짝 들고
무엇을 바라보나

멈춰선 자국마다
들리는 임의 소리

가슴에
담은 향기는
꽃이 되어 피었다. - 160714

## 바람의 노래

아코디언 주름 펴서
멜로디 재어 보고

걸려 있는 음표 따라
장단을 썰어내면

곡조는
바람을 타고
하늘가에 나부낀다. - 160714

# 등신불等身佛

돋아나는 마음 가시
돌로 눌러 재우고

밤낮의 묵상으로
번뇌를 씻어내면

혜안의
정정한 눈물
맑은 세상 틔운다. - 160715

※ 등신불 : 사람의 키만 한 정도로 만든 불상.
잘 지킨 계율의 힘과 잘 닦은 선정의 힘, 조화롭게 성숙한 지혜의 힘, 바로 계 · 정 · 혜 삼학의 수행력이 몸과 혼을 자유자재로 분리시킬 수 있는 힘이 되어 그 힘으로 몸은 놔두고 혼이 빠져 나간 몸뚱이가 바로 등신이며 그 등신을 님과 같이 금을 입혀 장엄하게 처리한 것을 등신불이라 한다.

# 헌 지갑

체온을 나눠가며
함께 했던 정으로

속 깊이 감춘 진실
영원히 묻어 두고

맨몸이
가진 것 없이
주고 가는 참사랑. - 160718

# 계단

온종일 허리 굽혀
댓돌 된 등짝 위를

길손들 밟고 간 뒤
남겨진 피멍 자국

스님은
고통 아는지
사뿐사뿐 지르밟는다. - 160724

# 별

보랏빛 도라지 꽃
그리움에 고개 들면

소쩍새 마을 찾아
인기척 찾아내고

눈빛은
바다를 건너
고향 집에 닿는다. - 160723

# 나들이

첫걸음 시작하며 가는 곳 어디일까

목적지 알 수 없는
무작정 나선 길을

그림자
뒤따라가며
조바심에 차있다. - 160802

# 매미

한낮의 소낙비에
목청을 축여가며

고난을 훌훌 벗고
토해내는 삶의 명창

바람도
가지에 앉아
눈을 감고 듣는다. - 160730

# 뿌리

한없이 몸 낮추어
땅으로 뻗어나가

잎새를 보살피며
드러난 굵은 힘줄

손발이
성할 날 없이
거친 땅을 일군다. - 160730

# 잎새의 꿈

초목을 밟고 있는
뭉게구름 발꿈치

바람이 불어와서
갈 길을 열어주면

잎새는
쏟아진 햇빛
남김없이 줍는다. - 160730

# 거미의 꿈

가지 사이 쳐놓은
은빛의 성긴 어망

바람에 흔들려도
믿음은 변함없이

뙤약볕
머리에 이고
하루해를 버틴다. - 160730

# 야생화

비바람 지나가며
시련을 흩뿌려도

눈물 속 굳은 의지
꽃받침 곧추세워

밤새워
품은 온기로
피어난 생명의 꽃. - 160806

# 말복

태양도 숨이 차는
입추 지난 무더위

매미의 아우성에
선잠 깬 바람 한 점

가지 끝
흔들어 놓고
돌아누워 또 잔다. - 160817

# 계곡에서

잔물결 고랑 사이
조약돌 모여 앉아

낙엽에 새긴 사연
물살에 흘러가서

태초에
살았던 숨결
먼 바다로 전한다. - 160814

# 할머니

저승의 문턱에 실눈 뜨고 기대 앉아
피붙이 알아보고 열어놓는 문간방에
육십 년
잔정이 굳은
거친 손을 잡는다

한평생 모시적삼 땀방울 배었어도
손자들 재롱으로 하루해를 넘기며
기억 속
주름진 얼굴
꽃이 활짝 피었다

풍파와 맞서 가며 깨우친 참된 이치
구름이 달을 품듯 가슴에 스며들어
가르침
등댓불 되어
가는 길을 비춘다. - 160823

# 휴전선

꽃 피고 새 날아도 고독에 절인 초목
칠십 년 세월 굳어 섬이 된 남북의 땅
밤새워
떨군 눈물이
강물 되어 흐른다

만선의 꿈길에서 파도는 춤을 추고
갈매기 앞 다투어 뱃머리 반기는데
수평선
솟은 구름이
폭풍우를 몰고 온다

하늘가 걸려있는 버섯구름 계곡 지나
능선에 포연 깔고 치솟은 은빛 날개
보라매
천리안으로
달빛 마을 지킨다. - 160904

# 고목古木

절벽에 기대서서
세월을 잊었지만

강물의 산 그림자
초록빛 엷어지면

햇살이
색동옷 한 벌
꿰어 올 날 기다린다. - 160919

# 아침 해

수평선 비집고 올라
은빛 물에 세수하고

환하게 던진 미소
고운 꽃 피어내면

설렘은
줄기를 타고
하늘가에 닿는다. - 160902

# 염치

대추나무 잎에 싸여
지난 세월 즐기다가

잠자리 날아와서
한가위 일러주면

차례 상
으뜸 자리에
앉을 날을 꿈꾼다. - 160831

# 꽃게

보름날 달빛 아래 찾아 나선 구도의 길
수평선 끝에 올라 마주한 험한 세상
어망에
걸린 몸부림
바닷물도 출렁인다

깜깜한 톱밥 속에 등짝을 서로 밟고
칼날 같은 발톱에 감추어둔 귀향길
희망의
햇빛 드는 날
해풍 내음 맡는다

고향 하늘 그리며 두 손으로 빌어보고
용왕님 전한 말씀 거품 물고 아뢰어도
육신은
해탈을 위해
맑은 물로 씻는다. - 160927

# 부석사浮石寺

중생의 살 찐 번뇌 촛불로 태워내고

풍경의 모스 부호 속세 염원 풀어내면

부처는
두 손 모으고
무량수경 외운다

운거루 곧은 솔은 절개를 가득 품고

선묘의 천년 사랑 천수만 물길 막아

자비의
법고 소리에
누런 이삭 영근다

뜨락의 해바라기 설법에 미소 짓고

한 잔의 감로수로 해탈의 꿈을 꾸면

인연의
발걸음 따라
일주문을 나선다. - 161003

※ 부석사 : 충남 서산시 부석면 부석사길 243에 위치한 절.
※ 선묘(善妙) : 선묘설화의 주인공으로 의상대사가 당나라 지장사 지엄스님의 가르침을 받을 때 의상대사를 흠모한 여인.

# 동춘당

선비정신 배어 있는 현판에 어진 눈빛
눈높이 사랑으로 맞춰 보는 바람 소리
댓돌 위
널렸던 신발
돌아올 날 기다린다

별묘의 혼백은 역사에 갇혔지만
선비의 기침 소리 들려오는 대청마루
눈길이
멈춘 옛 손길
질긴 인연 서려 있다

인의仁義를 손에 들고 일각문 넘는 발길
민초들 삶의 향기 용마루에 전해주면
해마다
봄의 생기가
담을 넘어 퍼진다. - 161010

※ 동춘당(同春堂)

①대전광역시 송촌동 동춘당 공원 내에 있는 조선시대의 건축물이다. 본 건물은 송준길의 별당이었으며 동춘당 편액은 송시열이 썼다. 同春은 '살아 움직이는 봄과 같아라'라는 뜻이며 同春堂은 '인(仁, 春)을 구한다'라는 뜻이 있다.

②송준길(宋浚吉)의 호, 조선 현종 때의 문신 · 학자(1606~1672). 자는 명보(明甫). 우참판, 이조 판서를 지내면서 노론의 거두로 활약하였다. 성리학, 예학에 능하였다. 저서에 ≪동춘당집≫, ≪어록해≫ 따위가 있다. 1963년 1월 21일 대한민국의 보물 제209호로 지정되었다.

## 금강錦江

천리를 돌고 돌아 넓은 들 품에 안고
비단길 봄바람에 흥겨워 흘러가고
둑길은
역사를 안고
들꽃 가득 피었다

금강의 나룻배는 은빛 물 저어가며
물이랑 속삭이며 외로움 달래는데
물 위에
산 그림자가
함께 와서 놀잔다

콘크리트 절벽에 물살은 길을 잃고
푸른빛 헝클어진 호수를 덮친 녹조綠藻
물고기
머리 내밀고
추억 속에 잠긴다

세파에 멍들었다 흘러가는 물결 보며
반가움에 잡은 손 떨고 있는 둑길 풀잎
강물은
재회의 환희
얼싸안고 흐른다. - 161016

# 얼굴

체온을 재어가며 나누는 달빛 미소
펄럭이는 장삼 옷소매 속 알 수 없어
눈길이
닿는 백발에
피어나는 애절함

세월에 피멍들어 부기에 솟은 얼굴
익었던 웃음마저 낯이 설은 거울 앞
풍파에
흐린 눈망울
크게 뜨고 살핀다

안부를 묻고 떠난 그림자 뒤켠에서
흑백사진 이마에 잔물결 잦아들면
택호의
희미한 여운
꽃잎 되어 떠온다. - 161024

# 틈

비집고 들어가도
내 설 곳 한 치 없고

작은 눈 크게 뜨고
앉을 곳 둘러봐도

바람이
훑고 간 자리
아쉬움만 남는다. - 160927

# 가을 1

하늘 잠긴 물속에 폭풍우 잠이 들면
솔바람 손을 잡고 달려오는 잠자리
갈대의
옷고름 위에
쉬어 가려 앉는다

구름이 비켜서서 절기의 길을 열어
빛바랜 낙엽들이 창가에 비쳐오면
손길이
가는 곳마다
하루해가 아쉽다. - 161103

# 안개

초목이 잠든 사이 살며시 일어나서
곤한 몸 감싸 주며 지켜 내는 하룻밤
골 위에
펼친 학의 깃
여린 생명 품는다

별 빛 어린 도라지 꽃 파란 입술 떨리고
서쪽 하늘 하현달 풀잎 베고 잠들면
새벽에
빛이 오는 길
솜털 이불 펼친다

여명의 지평선에 붉은 빛 서려오며
풀잎의 낯 씻기는 엄마의 바쁜 손길
모정의
애틋한 정성
산자락을 감돈다

산마루 비친 햇살 들녘에 찾아 들어
꽃잎에 맺혀 있는 이슬방울 눈 맞추면
사랑이
남기고 간 눈물
보석처럼 빛난다. - 161107

# 참기름

볶아서 눌러대도
진실만 말하겠다

입 맞추려 회유해도
변치 않는 저 향기

양념 통
형제들이여
미안해서 어쩐다. - 161119

## 물방울

오기로 매달려서
한평생 살려는데

바람이 흔들어서
숲속에 흩어지면

연분은
초록 숲길에
눈물 되어 흐른다. - 161120

# 단디 해라

날이 선 정情이 주는
밑천 없는 마음 장사

본동사 공가 놓고
묘약 파는 조동사

믿음의
간절한 소망
도전의 힘 솟는다. - 160827

※ 단디 : '단단히'의 방언(경상).
※ 공가다 : '고이다'의 방언(경상).

# 정류장

오지 않는 임 향한 짝사랑 설렘에
햇살이 말도 없이 가을을 밀어내면
찬바람
지분거림에
얇은 옷이 서럽다

기다림 눈빛 어린 노선번호 떠오르면
낙엽들 찾아와서 속삭이는 간이의자
골목길
달려온 바람에게
빈자리를 내민다

한번 가면 오지 못할 외길로 가는 인생
가끔은 쉬고 싶어 발걸음 무거운데
이별의
안타까움에
마음고름 여민다. - 161122

※ 마음고름 : 마음속을 드러내지 않으려고 단단히 매어 둔 다짐.

# 첫눈

첫인사 눈 맞추고
소리 없이 안겨오면

가는 길 멈춰서 서
누군가를 생각한다

옛날에
맺었던 인연
편지 한 장 가져왔나. - 161128

## 새해로 가는 길목

신호등 빨간불에 멈춰선 저녁노을
맨주먹 힘주어도 어둠은 다가오고
하루는
기다림 주고
수평선에 숨는다

연말의 세월 어음 결제일은 다가오고
이끼 낀 빈자리에 날아든 내용증명
올해도
부도 난 인생길
기약 없이 걷는다

마지막 달력 한 장 쏘시개로 던져 넣고
말잔치 모닥불에 미련을 불사르면
불꽃은
희망을 밝혀
가는 길을 비춘다. - 161205

## 집회장의 하루

정의의 길 가로막는 불의를 불러내어
창끝에 깃을 세운 함성이 줄을 서면
가슴의
가득한 열기
가을 하늘 덮는다

모여든 깃발 아래 확성기 울부짖고
함성이 파도 되어 춤을 추는 잔디밭
나목들
하얗게 질려
숨죽이며 듣는다

길 잃은 낙엽들이 모퉁이로 몰려가고
울분에 밟힌 잔디 비명소리 잦아들면
가로등
촛불 뒤에서
가는 길을 살핀다. - 161211

# 제 3 부

—

# 2017
# 丁酉年

# 귀향

설날에 뵙고 싶어 며칠 전 보낸 편지
온다는 기별에 더운 밥 지어놓고
정성은
한 끼를 위한
눈[目]길 마중 선하다

콩나물 버스타고 도착한 고향 어귀
산등성 찬바람이 솔 내음 몰고 오면
어머니
밥 짓는 연기
모락모락 반긴다

고생길 마다않고 둥지 찾아 앉은 곳에
포근한 불빛만큼 깊은 정 온기 돌면
조상님
오실 집안에
웃음꽃이 피었다

아쉬운 헤어짐에 잡은 손 놓자마자
멀어지는 차창 넘어 들려오는 목소리
떠나고
보내는 마음
다시 뵐 날 기다린다. - 170202

# 산길

한겨울 모진 바람
훑고 간 삶의 자리

참았던 서러움이
눈물 되어 흐르면

한 바람
햇살을 불러
언 마음을 녹인다

눈 털고 손 흔드는
의지의 청솔가지

가슴에 쌓여있는
묵은 때 벗겨내면

발걸음
시름을 잊고
구름 위를 걷는다. - 170205

## 보문산에서

기쁨이 바람처럼 한걸음에 지나가면
인생길 곳곳에서 들려오는 아우성
슬픔은
눈물이 되어
내 가슴을 적신다

계곡의 맑은 물에 떠오르는 얼굴들
물길 따라 가고 싶은 손때 묻은 그리움
시냇물
가는 걸음에
내 마음을 전한다

솔가지 시름 잊고 꿈꾸는 산자락에
때 이른 봄바람이 가지 끝을 스쳐 가면
푸름은
희망이 되어
시린 가슴 달랜다. - 170313

## 고향 초草

인연이 떠난 자리 들풀만 혼자 남아
비바람 고통 속에 눈물로 지킨 고향
그리워
다가 갈수록
낯설움에 목 메인다

바람처럼 왔다가 구름 되어 가는 세월
그 틈에 꽃은 피고 씨앗을 내려놓아
생명이
자라는 길에
고마움을 전한다

집 찾은 산 그림자 처마 밑에 숨어들고
새들이 바람 몰아 들길을 돌아가면
고향의
들꽃을 안고
노을 따라 나선다. - 170411

# 봄비 1

수지침 하나 둘
하늘에서 떨어진다

침 맞은 풀잎들
손바닥 활짝 펴고

한 움큼
받은 사랑에
풀꽃들이 피었다. - 170420

# 그림자

그 모습 지울 수 없는 인생길의 동반자
먼 길을 함께 가며 고동소리 듣는다
가다가
멈춰서 보면
얼굴 하나 낯익다

노을을 담고 오는 아버지 지게발채
멋모르고 따라 온 진달래 환한 웃음
해마다
봄꽃이 피면
해거름이 정겹다

눈 뜨면 눈앞에서 눈 감으면 꿈속에
드리운 짙은 그늘 바람이 흔들어도
세월의
손사랫짓에
변함없는 내 모습

희뿌연 하늘가에 달아오른 붉은 해
빛나는 아침 오면 가슴에 너를 안고
세상에
다시 태어날
그림자를 만난다. - 170428

# 달

오는 임 맞이하고
가는 임 배웅해도

품었든 잔정들이
얼어붙어 깨진 가슴

눈빛은
구름을 불러
아픈 마음 감싼다. - 170531

# 소낙비 1

온다는 소식 듣고
앞서 간 돌개바람

모두들 창을 닫고
돌아앉는 서러움

아무리
두드려 봐도
해님 와야 연대요

구름 사이 놀던 빗물
번갯불 타고 와서

유리창에 부딪혀
땟자국 씻어내고

서로들
개울에 모여
이야기 꽃 피워요. - 170708

# 복숭아

꽃물 향 풍겨내어
초록을 밀어내고

땡볕에 익은 순정
연지로 풀어내면

내 안의
철없는 세월
둥치에다 묶는다. - 170824

# 냇물

샛강에 모여들어
부산스런 방울들

부딪치는 어깨마다
부풀린 눈물 사연

물살은
알고 있는지
허풍 빼고 가잔다. - 170902

# 백로白露

파란 하늘 가슴 닮은
청아한 벌레 소리

낙엽의 이별 노래
갈바람 싣고 온다

산자락
초록빛 옷에
수를 놓는 단풍잎. - 170911

# 사과 한 알

남 보기 수줍어서 안으로 감춘 살결
하늬바람 찾아와 고깔모자 벗기면
꼭지에
매달린 청춘
몸단장에 나선다

하늘과 땅 사이에 잡아주는 손길 하나
보고픈 가슴 속에 그리움이 차오르면
섧은 정
하늘에 담가
빨갛게 물들인다

인연을 따라 나선 다홍치마 두른 가슴
낮달을 타고 오는 임 맞는 정성으로
사랑을
찾아가려나
속살향기 짙어진다. - 171024

# 직지사

단풍잎 앞세우고 산문山門에 들어서면
편액이 전해주는 한마음 품에 안고
한 해의 근심을 닏고 극락세계 꿈꾼다

도솔천兜率天에 가지 뻗은 만세루 낙락장송
대웅전 가는 길에 황악산 정기 모아
육신에 배인 오욕을 솔향기로 씻는다

부처의 깨달음을 석탑에 쌓아 놓고
해탈을 꿈꾸는 자 발걸음 멈춰 세워
풍경風磬은 바람을 불러 깊은 뜻을 전한다

사적비寺跡碑 글귀가 바람에 날려가도
와당瓦當의 무늬 꽃은 세월 따라 피고 지고
스님의 염불소리는 온 세상을 깨운다. - 171101

※ 도솔천(兜率天) : 〈불교〉 육욕천의 넷째 하늘. 수미산의 꼭대기에서 12만 유순(由旬) 되는 곳에 있는, 미륵보살이 사는 곳.

# 수저

온 가족 얼굴 맞댄 앞자리 먼저 앉아
한입을 입에 물고 웃음 꽃 피워내도
모두가
떠나고 나면
외로움만 남는다

조상님 대를 이어 자식들 배불리고
남은 밥 몇 알마저 찾아내는 모성애
누룽지
챙겨 보내고
닳은 몸을 눕힌다. - 171123

# 넥타이

임의 목 감고서도
맵시는 의젓했지

목 단추 풀자말자
저버리는 손사래

옛정을
되새김 하며
서러움에 목이 멘다. - 171127

## 시제時祭

야윈 햇살 내려앉아 들녘이 시려지면
선산先山의 산등성이 바람 막고 서 있고
핏줄은
세상을 돌아
조상 얼을 찾는다

낙엽이 쌓여있던 묏등은 낮아지고
상석床石에 새긴 함자 풍설에 흐려져도
후손들
맞잡은 지방紙榜
더운 피가 흐른다. - 171205

# 12월

사계절 지나오며
웃음꽃 피고 저도

산허리에 널려 있는
벌거벗은 외로움

또 한해
오가는 길목
손잡는 이 어디 있나. - 171214

# 제 4 부

—

# 2018
# 戊戌年

# 귀가

살얼음 헤쳐 가며
걸어온 하늘 길에

해님이 어둠 이고
서산을 넘어가면

발걸음
둥지를 찾아
깃털처럼 가볍다. - 180113

※ 30여 년간의 조종사 생활을 마감하고 귀가하는 동기에게 보내는 시조.

# 겨울나무 1

동트면 찾아오던 풀벌레 떠날 즈음
다 주고 떠나보낸 모정의 텅 빈 가슴
동녘의
붉은 햇살은
야윈 몸을 감싼다

드높은 푸른 하늘 구름 조각 헤치고
나목의 헹군 머리 바람이 말려주면
지는 해
품속에 안겨
꿈꿀 자리 찾는다. - 180101

# 어물전

까아만 눈동자에 푸른 파도 밀려오면
물 좋은 고향바다 눈앞에 아른거려
비린내
짙게 풍기며
향수에 젖어 있다

서로가 말이 없는 눈물겨운 친구들
가슴에 쌓여있는 옛정을 묻어두고
희망을
소금에 절여
돌아갈 날 꿈꾼다. - 180121

# 대한大寒

햇살도 힘 못 쓰는 동장군 앞세우고
바람이 세운 깃발 텃밭에 휘날리면
봄소식
기다린 냉이
불청객에 놀란다

절기의 발자국에 얼음장 두꺼워도
냇물이 숨죽이며 찬 기운 걷어내면
물고기
봄 내음 맡고
맨몸으로 나선다. - 180131

## 하늘을 날며

맑아온 동녘 하늘 처마 끝 따라 가면
창천蒼天을 불러오는 새벽 닭 기침起寢 소리
여명의
하얀 속살에
눈이 부신 아침 해

비구름 헤쳐 가며 달려가는 눈앞에
태양이 빛을 빚어 일구어 낸 햇살 밭
새 희망
가득한 하늘
가슴 가득 안는다

겨레의 아리랑이 하늘가 너울지면
청운의 기상 품은 보라매 날갯짓에
꿈길에
맞닿은 창공
눈동자에 어린다

호국의 젊은 투혼 맥박 친 폭음 소리
비행운 남은 자리 땀방울 배어 있어
성층권
스치는 은익銀翼
푸른 꿈이 영근다. - 180204

※ 은익(銀翼) : '비행기'를 아름답게 이르는 말.

# 가랑잎

새 세상 꿈을 좇아 냇물에 몸을 띄워
고목이 흔드는 손 못 본 척 흘러가도
잔정을
삭이지 못해
붉어지는 눈시울

정 들자 이별하는 인생길 끝이 없어
강어귀 드나드는 만남의 물결 보며
바람[所望]은
어깨를 넘어
앞서가며 오란다. - 180222

## 약속

마음을 이어주는
너와 나의 징검다리

세월의 물살 따라
솟았다 사라져도

망부석
기다림 같이
목을 빼고 서 있다. - 180315

# 봄비 2

버선발로 달려와서
숨소리 추스르고

움츠린 가지마다
초록 입김 불어넣어

동장군
떠난 자리에서
싹눈 하나 꺼낸다. - 180308

# 비

반기는 눈길마다
주고픈 고운 손길

어디나 찾아가서
안기는 야린 몸짓

풀밭의
목마른 땅에
기다림을 나눈다. - 180321

# 3월 파밭

눈을 맞고 서있는
당당한 청춘이여

월계관 꿈을 안고
속살로 맞는 삼월

세월의
거친 파도를 타고
계절 바다 건넌다. - 180321

## 목련

담장 밑 여린 풀싹
솟아난 가슴 보며

봄바람 쓰다듬다
단비에 놀란 가지

꿈꾸는
꽃눈을 깨워
하얀 꽃등 달았다. - 180328

# 노숙자

해 지면 한 짐 삶을
길 위에 내려놓고

어둠을 등에 지고
정든 집 찾아가면

문패는
인기척 듣고
마중 나와 서 있다

눈가에 번져가는
외로움 털어내고

맨손으로 그려보는
꿈속의 부귀영화

희망은
온기가 되어
시린 몸을 감싼다. - 180423

# 똑딱선

갈매기 친구 삼아
세파를 타고 넘다

지친 해 집을 찾는
노을 길 배웅하면

숨결은
수평선 넘어
어둠 속에 깃든다. - 180429

## 백담사를 거닐며

천 번을 찾아와도 해탈은 멀고멀어
심상의 적막함을 돌탑에 얹어놓고
발원의
발자국 따라
산문 안에 듭니다

이승의 끈을 잡고 들어선 발길마다
길고 긴 사연 듣고 시름에 잠긴 부처
풍경의
경문 소리에
맑은 미소 짓는다

번뇌의 그림자를 문 앞에 세워놓고
산사의 차 한 잔에 띄워놓은 자비심
사바娑婆의
연꽃이 되어
못물 위에 떠 있다. - 180501

# 소나무의 전설

안개 낀 산허리에 의로운 터줏대감
계절이 지나가도 초록빛 단벌옷에
절개를
곧추세우고
침묵 속에 서 있다

비바람 맞서가며 견뎌 온 비탈진 삶
설움은 앙금 되어 송진으로 굳어지고
한숨은
바람에 실려
수풀 속에 스민다

삭풍에 숨을 거둔 뭇 생명 자란 터에
육신이 삭은 먼지 구름처럼 흩어져도
영혼은
솔 향에 젖어
천 년 삶을 꿈꾼다. - 180430

# 메타세콰이아

영원을 향한 몸짓
하늘 향해 치솟으면

땅 위에 쌓은 삶은
나이테로 굳어지고

육신은
시간을 타고
푸르름에 차있다. - 180515

# 바닷가에서

안개를 걷어가며
달려온 푸른 바람

바다의 고동 소리
가슴에 전해주면

희망은
파도를 타고
수평선에 내닫는다. - 180530

# 이파리

바람이 지나가면
고개 들고 맞는 웃음

못 본 척 가는 길손
원망을 접어두고

세월을
가슴에 안고
가을 녘을 그린다. - 180609

# 마루에 서면

둥 둥 둥 구름 조각
어쩌다 비 되었나

부대끼며 찾아가는
꿈에 본 고향 산천

이정표
보이지 않고
가도 가도 산 산 산. - 180613

## 영정 사진

뒷산의 밤나무 꽃
바람이 쓰다듬고

태양은 어제처럼
중천에 떠있는데

빙그레
웃고 있어도
꿈에서나 뵐 얼굴. - 180615

# 애도

국화꽃 송이 안은
해맑은 고운 모습

이승의 끝자리에
향불을 피워놓고

애환을
촛불에 녹여
가는 길을 밝힌다. - 180615

# 소낙비 2

먹구름 행차 길에
거친 인심 전해 주면

한바탕 흘린 눈물
선심의 몸짓인가

선정善政의
갈증에 지쳐
바라보는 먼 하늘. - 180703

# 산 안개

간밤에 품은 사랑
동트자 흩어지고

솔바람 발길 따라
산등성이 올라서면

귓가의
계곡 물소리
구름 따라 떠난다. - 180711

## 땡볕

한낮의 금침 햇살
속살을 파고들면

구름도 겁에 질려
비워둔 푸른 하늘

빨래는
빈 하늘 보며
함박웃음 짓는다. - 180715

# 판문점

– 정전 65주년과 남북정상 만남을 축하하며 –

달빛의 치마폭에 잠이든 초가 마을
골목길 넘친 정이 냇물로 흘러들면
물살은
부푼 가슴 안고
넓은 세상 나선다

멀어진 물소리에 애타던 미루나무
스치는 바람결에 반가운 소식 오면
한바탕
웃음소리로
허리춤을 흔든다

널문리※1 물길 따라 기러기※2 찾아오고
삼천리 논배미에 황금빛 물결 일면
포성이
멈춘 들녘에
풍악소리 들린다

맞잡은 손길마다 온기는 더해 가고
내딛는 발길마다 들리는 고동소리
신바람
옷깃에 일어
얼싸안고 춤춘다. - 180719

※1 널문리 : 판문점의 옛 이름.

※2 기러기 : 신조(信鳥)로 불리며 사람이 왕래하기 어려운 곳에 소식을 전해주는 동물.

# 등대

수평선 끝을 따라
들리는 박동 소리

살며시 다가와서
모른 척 스쳐 가면

가슴의
쌓인 외로움
울어주는 갈매기

물길을 다독이며
뜬눈으로 새운 밤

오는 임 뱃머리에
파도를 앞세우고

침묵은
희망이 되어
가는 길을 비춘다. - 180811

# 촛불

슬픔에 불 밝히고
외로움에 눈물 흘려

희망을 채워 가며
내려앉는 겸손함

침묵은
세상을 사는
지혜의 속옷이다. - 180920

# 고목 1

비바람 모진 날에
한이 맺혀 굳은 껍질

삭이며 한숨짓다
고랑이 난 둥줄기에

한평생
다져온 삶의
고운 땀이 흐른다. - 181009

## 고목 2

한팔 뻗어 만든 그늘
구름이 덮고 가도

한평생 베푼 마음
믿음은 힘이 되어

가지 끝
부는 바람에
야윈 몸을 여민다. - 181009

# 가을 2

하늘가 노을 담에
고요함 쌓여 가고

풀벌레 노래 소리
적막을 걷어내면

해님은
낱알을 세다
어둠 속에 숨는다. - 181017

# 국화의 덤

노을 빛 하늘 가득
담아 논 국화송이

건네 준 둥근 얼굴
함께 서 웃고 있다

방안에
가득한 미소
불빛마저 수줍다. - 181016

## 단풍

눈물이 넘쳐나는
가을산 보시나요

능선마다 이별이
골짝마다 한숨이

마지막
색동옷 입고
얼싸안고 춤춘다. - 181027

# 자작나무의 고향

살던 곳 그리워 산 위에 터를 잡고
한마음 바람에도 생각은 구름 같아
모시옷
헤진 자락에
산바람이 차갑다

바람에 휘어져도 모두가 한 몸 되어
파아란 하늘 못에 유년을 띄워놓고
눈보라
오는 숲길에
맨몸으로 서 있다. - 181030

# 곰배령

점봉리 늙은 할매 오르던 산기슭에
한평생 허기진 삶 반겨주던 산나물
눈물이 넘나든 세월 풀꽃으로 피었다

강선마을 다리 건너 전설이 살아있고
숲속의 나무 마다 꽃가지 춤을 추면
한생의 근심 걱정은 안개 속에 숨는다

미움은 물보라로 그리움은 안개로
골짜기 바위 위에 꽃비 되어 떨어지면
정상은 물길 거슬러 산길 끝에 서 있다

이승의 티끌들을 이슬이 씻겨 주면
평전의 들꽃들 점점이 손을 잡고
천상의 푸른 화원에 햇살 펴고 앉는다

속세의 멍든 마음 길섶에 묻어두고
고갯마루 부는 바람 찌든 때 실어가면
곰배령 넓은 가슴은 나를 안아 반긴다. - 181106

※ 곰배령 : 강원도 인제군 점봉리 마을과 인제군 진동리 마을을 이어 주는 고갯마루.
할머니도 콩자루를 메고 점봉리에서 진동리로 넘어갈 만큼 완만한 경사로 이루어진 산.

※ 강선마을 : 점봉리에서 곰배령을 오르는 중간쯤의 산골 마을. 강선마을에서 돌다리를 지나면 본격적인 경사가 시작된다.

## 겨울나무 2

겉옷도 못 추스른
허기진 노숙 인생

하얀 눈 이불 삼아
추운 밤 지새우며

나이테
속살에 새겨
질긴 삶을 잇는다. - 181203

# 여명

간밤의 근심 걱정
땅 끝에 묻어두고

황금빛 용오름이
어둠을 쓸어내면

하루는
희망이 되어
창문 앞에 서 있다. - 181220

# 새만금에서

만남을 가로막은 둑길은 말이 없고
담수호 덮은 안개 해풍이 걸어 가면
기다림
갈매기 따라
바닷길에 서 있다

먼 바다 항해 끝에 찾아온 부모형제
마주친 방파석에 온 몸이 부서져도
그리움
물보라 되어
고향 땅을 찾는다

유년의 넓은 바다 물비늘 반짝이고
가슴속 설렘이 갑문을 활짝 열면
서로는
부둥켜안고
물살 따라 춤춘다. - 181229

# 행복한 가족

강영경(강임구 시인의 손녀)

서로서로
사랑하는 우리 가족

서로서로
미소 짓는 우리 가족

서로서로
도와주는 우리 가족

매일매일
행복한 우리 가족

※ 손녀 강영경이 한글을 깨치고 쓴 축하 시.

[작품 해설]

# 소박미가 돋보이는 시편들

## – 강임구 시조집 《닿는 발길마다》에 붙여

유 준 호

(한국시조문학작가협회 부회장 역임)

1.

현대시조는 묘사와 진술을 통하여 시적 대상을 형상화하는데 주로 감각적 언어를 사용하여 대상을 회화적으로 접근한다. 전래의 한시나 서양시도 마찬가지이다. 이는 시나 시조를 회화적 이미지로 엮은 한 폭의 언어 그림이라고 보기 때문이다. 고대 그리스의 시인 시모니데스(Simonides of Ceos. BC 556~468)는 '그림은 말없는 시이며, 시는 말하는 그림'이라고 하고, 중국의 소동파(蘇東坡 1036~1101)도 왕유(王維)의 시를 두고 시중유화 화중유시(詩中有畵 畵中有詩)라 하여 이를 반증(反證)해 주고 있다.

시조의 형태를 어찌해야 되느냐 하는 문제는 아직도 명쾌하게 정리되지 않았지만 3장6구12소절로 된 45자 내외의 형태를 지닌다고 하는 데에는 대체로 동의하고 있다. 문제는 1~2자의 가감을 하느냐 마느냐에 의견이 갈리고 있다. 그런데 시조는 모두를 빵틀로 구워낸 붕어빵 같아야 한다는 음절 고정의 정형시(定型詩)여야 한다고 주장하는 이가 있는가 하면, 그 보다는 약간의 넘나듦이 허용되는 정형시(整型詩)여야 한다는 이도 있다. 지금은 정형시(整型詩)쪽이 더 세력을 유지하는 양상이다. 이는 우리 조상들이 시적 자유를 누리며 넘나듦의 시조를 써온 데서 연유한 것이 아닌가 한다. 그래서 노산 이은상도 시조는 정형이비정형(定型而非定型)이라고 아리송한 말을 한 것 같다.

강임구 시인의 삶의 중심축은 40여 년 살아온 군인의 길이었다. 그는 우리 영공을 지키는 보라매였다. 공군사관학교를 졸업하고 전투기 조종사로 군 생활을 한 베테랑이었는데 뜻하지 않은 뇌출혈로 그 민첩성과 용맹성을 접고 학자의 길인 교수로 공군대학에서 근무하다가 퇴임하고 늦은 나이에 『창조문학』 신인상으로 문단에 데뷔한 분으로 문단인으로는 지각생이다. 그러나 문학을 하는데 지각이란 없다. 아직도 그에겐 창창한 문학의 벌판이 열려 있다. 그 벌판을 강 시인은 싱싱한 문학의 꽃을 들고 씨를 맺으며 사계를 개척해 가고 있다. 이제 그는 시조시인이면서 시낭송가로도 이 고장에서 이름을 날리고 있다. 그가 들려준 이야기는 시대적인 역경을 이기고 오늘을 이룩한 인생 파노라마였다. 그는 의지인(意志人)이며 도전인(挑戰人)이다. 아마도 그의 좌절을 모르는 이런 진취성은 그의 군정신의 발로인 것 같다. 그래 그런지 그의 시조작품들을 일별(一瞥)하여 읽은 느낌은 애상이나 탄식 같은 하향적 이미지의 작품은 드물고, 거의가 구김살 없는 상승적(上昇的) 천상 지향적 이미지의 작품들이었다.

시나 시조 작품은 1인칭 자기고백문학이라고 하는데 강 시인은 그것을 뛰어넘는 의지가 마음속에 자리 잡고 있어서일까 관찰적(觀察的), 전지적(全知的) 시점을 강하게 보여주고 있다. 그러다 보니 그의 작품엔 약함보다는 강함이 지배하고 있다. 이 시집은 작품을 창작 연대순으로 배열하고 있어 시적 흐름을 파악할 수 있어 좋았다. 시간이 지남에 따라 진화되고 정제된 작품의 성장 모습이 보였다. 시간이 지날수록 이미지들이 선명성을 띠고 있었다. 이들 작품은 사향심, 인사와의 접맥, 서정의 현실화, 인과에 의한 시적 변이가 이루어지고 있다.

2.

강 시인의 실제 작품을 하나하나 살피며 이를 감상해 보기로 한다. 먼저 이 시집에 많은 분량을 차지하고 있는 단시조 가운데 자연 현상과 고향을 그리는 마음, 일상의 일들을 인간화하여 의인적 수법으로 표현한 작품을 본다.

가슴에 맺힌 한은
먹구름 되었겠지

뒤엉켜 부딪히며
울부짖는 외마디

소낙비
한바탕 쏟고
눈물줄기 거둔다.

– 천둥, 전수 –

참새들 모여앉아
잔칫상 받았는가

성질난 허수아비
윗옷을 벗어들고

훼방꾼
조잘거림에
불호령을 날린다.

– 허수아비, 전수 –

작품 "천둥"은 표현기법에 의인화를 동원하여 시상을 인과관계로 전개하고 있다. 소낙비가 내리려면 하늘이 까맣게 되면서 천둥, 번개를 동반한 한껏 물 먹은 먹구름이 몰려온다. 그런 자연 변화의 모습을 강 시인은 묘사 서술하였는데, 그 시상의 흐름을 '가슴 한'이 '먹구름'이 되고 그 한이 깊어 '외마디' 소리인 천둥이 되고 그 '천둥'은 소낙비를 몰고 와 눈물을 한바탕 쏟는다. 이미지의 전이가 이렇게 인과로 전개되고 있다. 특히 천둥소리를 '울부짖는 외마디'로 '소낙비'를 '눈물'로 은유하여 표현한 점은 높이 살 시적 표현이다. 한국시인협회장을 지낸 서울대 오세영 명예교수는 '천둥'을 '대장쟁이 망치소리' '풀무소리'로 표현하고 '번개'를 '시우쇠'로 상징화하여 표현하였는데 강 시인도 이에 비견되는 은유를 사용하여 작품의 역동성과 문학성을 얻고 있다. 작품 '허수아비'도 '천둥'과 마찬가지로 의인화 수법을 사용하고 있다. 허수아비는 논밭에서 십자가 비슷한 나무때기에 거적이나 헌 옷가지를 옷 삼아 걸치고, 멍히 서서 곡식을 축내는 새들을 오지 못하게 쫓는 사람 모양의 물건이다. 요즘은 새들도 약아서 그냥으로는 속지 않아 굉음 장치를 장착한 허수아비도 등장하여 새들이 오면 소리치게 하고 있다 한다. 그런데 강 시인은 전형적인 허수아비 역할을 중심으로 이 작품을 형상화하였다. 가을 들판은 참새들의 천국이다. 어디 가나 참새 먹이는 질펀히 많다. 그래서 초장에 잔칫상을 받아놓고 희희낙락하는 참새의 모습을 배치하고, 이를 망보는 허수아비의 모습을 중장에 대립시켜 배치하였는데 여기서 '성질난' '윗옷을 벗어들고'라고 의인화를 도모하고 있다. 그리고 종장에서 참새를 '훼방꾼'으로, 허수아비 옷자락 흔들림을 '불호령'이라 은유하고 있다. 이 작품은 시상이 명료하여 시중유화(詩中有畵)의 정신적 그림이 선명하게 나타나고 있다.

세월을 먹고 늙은
빛바랜 사진 속에

낯익은 젊은 화상
가는 곳 어디인지

인생길
돌고 돌아와
가야할 곳 찾는다.

– 회상(回想), 전수 –

위 작품 "회상(回想)"은 추상적 사실을 바탕에 깔고 이를 현실화하여 표현하고 있는데 어딘가 쓸쓸함이 배어 있다. 추상어 '세월'을 먹거리 사물로 설정하고 나이 들음을 '세월을 먹고 늙은'이라고 표현하였다. '빛바랜 사진'은 그 연륜이 오래됨을 표현한 말로 그 속에 들어 있는 '젊은 화상'은 지금은 늙어버린 시적 자아의 모습이다. 파란만장한 인생길을 '돌고 돌아서'온 시적 자아의 고단한 모습이 이 작품 속에 숨어 있다. 이 작품의 말미에 '가야할 곳 찾는다.'고 하였는데 그곳은 이미 정해진 곳이 아닐까. 누구나 안 갈 수 없는 그곳, 이승 저편이 아니겠는가. 이 작품은 숨 가쁘게 걸어온 인생의 여정(旅程)을 돌이켜 보는 머릿속 되돌이표이다. 허무가 자리 잡은 모습을 볼 수 있다. 회화성보다는 현실성, 사실성이 돋보이는 시조작품이다. 어느새 젊음을 다 소비하고 늙어가는 인생의 발자취가 여기 보인다.

입춘의 햇살 배인
밥상의 햇미나리

초록에 묻어나는

옛 시절 정든 이웃

첫 숟갈
가볍게 들고
고향 소식 묻는다.

– 봄 1, 전수 –

이 작품은 고향을 그리는 사향심이 깃든 작품이다. 강 시인의 작품 속엔 늘 은유가 적당히 쓰이고 있는데 이 작품도 마찬가지여서 '입춘의 햇살'이 '밥상의 햇미나리'로 은유되고 있다. 초장에서 '햇살 배인'이라고 표현한 점은 특이하고 신선하다. 그리고 '초록'은 어린 시절을 표현한 말로 '옛 시절'과 접맥되고 있다. '햇미나리'는 고향을 떠올리는 시적 상관물로 이 속엔 고향의 미각과 정든 이웃의 얼굴들이 그리움으로 스미어 있다. 작품의 마무리를 '고향 소식 묻는다.'로 했는데 이는 간접적으로 고향에서 느꼈던 옛날의 어린 시절의 추억을 되살려보는 마음을 이리 표현하였다고 본다. 미나리가 고향 소식 알려줄리 만무하지만, 사향(思鄕)의 절절한 마음을 그리 객관화시켜 표현한 것이다. 이런 사향(思鄕)의 마음을 담아 표현한 시조는 또 있다. 표현기법은 좀 다르지만 다음 작품이 그렇다.

둥 둥 둥 구름 조각
어쩌다 비 되었나

부대끼며 찾아가는
꿈에 본 고향 산천

이정표
보이지 않고

가도 가도 산 산 산.

- 마루에 서면, 전수 -

이 작품은 눈물 나게 그리운 고향 산천을 생각하여 쓴 시조로 여겨진다. 시조의 앞뒤에 의태어를 배치하여 수미상관법(首尾相關法)을 도모함으로써 그 맺음을 깔끔하게 하고 있다. 이 작품 초장은 앞의 시조 '천둥'처럼 인과관계로 시상을 전개하였다. '구름조각'이 '비'가 됨은 자연현상이고 섭리지만 구름이 비가 된다는 것은 일종의 인과에 의한 변이(變異)이다. 여기서의 '비'는 이 작품 속의 시적 자아이다. '구름'은 고향을 그리는 마음의 의탁물이며, '비'는 고향을 그리는 눈물인 성싶다. 그리움에 눈물지으며 시적 자아는 고향 산천을 찾아간다. 결국 비는 시적 자아의 마음이라고 보아야 한다. 어릴 적에 떠나고 가보지 못한 고향 산천이 멀고도 먼 저편에 있음을 안타까이 생각하는 마음이 이 시조 종장에 자리 잡고 있다. 고향에 대한 생각으로 마음이 들뜸을 '둥 둥 둥'이란 의태어로 시상을 연 다음 먼 고향 길을 가로막고 있는 '산 산 산'이란 의태어로 맺음하고 있다. 가고프나 쉽게 갈 수 없는 고향은 얼마나 가슴 저린 일인가. 하지만 그리움을 안고 찾아간 고향은 아는 이들 다 떠난 쓸쓸한 산천만이 덩그러니 있을 수 있다. 이것이 요즘 고향의 모습이다. 이 작품은 이를 예감하게 하고 있다. 요즘은 정이 그리운 세상이다. 정감 어린 시인의 모습이 눈에 선한 작품이다.

보내는 어미 마음
슬픔을 어쩌라고

하늘하늘 손 흔들며
바람 따라 가는 자식

재회를
기다리면서
꽃대궁만 서 있다.

– 민들레, 전수 –

작품 "민들레"는 구상물을 의인화하여 그 정감을 표현하고 있는데, 민들레의 자연적 속성을 통하여 불가에서 말하는 '만난 자는 꼭 헤어지고, 헤어져 떠난 자는 반드시 만난다'는 회자정리(會者定離) 거자필반(去者必反)의 경지를 표현하고 있다. 민들레는 노란 꽃을 피웠다가 씨앗에 하얀 날개를 달아 바람에 날려 후손을 퍼뜨리는 특성을 가진 식물이다. 이를 의인화하여 꽃대는'어미'로, 씨앗은 '자식'으로 표현한 것이 이 작품이다. 여기서도 모성애는 작용하나 보다. 이별은 대개의 경우 슬픔을 동반한다. 그래서 자식인 씨를 바람에 날려 보내는 어미인 민들레의 심경은 못 이길 슬픔이다. "하늘하늘 손 흔들며/ 바람 따라 가는 자식"은 삿갓 모양의 깃털을 달고 사방으로 흩어진다. 바람에 몸을 맡기고 말 그대로 바람 부는 대로 어딘가를 떠돌다 내려앉아 앉은 곳을 삶터 삼아 싹을 틔우고 꽃을 다시 피운다. 몇몇은 멀리 떠나지만 몇몇은 제 자리인 꽃대 밑에 그냥 주저앉을 수도 있다. 그러나 보내는 민들레 꽃대궁은 쓸쓸하고 슬픈 마음을 가눌 길 없음을 이 시조는 표현해 보이고 있다.

인생길 굽이굽이
따라오는 그림자

떨쳐내고 타일러도
길목마다 서 있다

노을빛
가슴에 담아
비춰보는 그 얼굴.

– 욕심, 전수 –

작품 "욕심"은 추상물을 구상물로 환치하여 이를 의인화하고 있는데, 어떠한 것을 정도(程度)에 지나치게 탐내거나 누리고자 하는 마음은 보통의 사람들은 누구나 가지고 있다. 불가에서는 욕심을 비우라고 하지만 그게 그리 쉬운 일이 아니다. 사회자체가 경쟁사회가 되고 보니 유형무형의 욕심들이 표출되고 있다. 이 작품은 그런 현상에 대한 반성의 마음이 짙게 배어 있다. 사람들이 살아가는 인생의 굽이굽이에는 함께 하는 욕심이 '그림자'로 따라다님을 초장에서 말하고, 중장에서는 욕심을 떨쳐내도, 욕심을 버리라고 타일러도 욕심은 사라지지 않고 삶의 길목마다 지키고 있다고 하면서 종장에서 아름다운 황혼의 '노을빛/ 가슴에 담아' 그 욕망의 얼굴(모습)을 비춰보며 반성하는 자세를 보여주고 있다. 자연 앞에 미미한 인간의 모습이 때늦은 후회처럼 다가선다. 누가 얘기했던가. '욕심은 인생을 상하게 하는 가시라고.' 그 가시를 쳐내기 위해 노력해야겠다. 짧지만 깊은 인생 상담이 이 시조에 담겨 있다.

셀 수 없는 근심을
모래밭에 묻어두고

새로운 설렘으로
묵고 가는 하룻밤

파도는
숨겨놓은 욕심

밤새도록 쓸어간다

이른 아침 빈 배 한 척
희망 찾아 가는 길에

문을 연 하늘 가득
어려 있는 금빛 기운

마음의
날개를 펼쳐
황금 햇살 담는다.

– 해운대, 전수 –

이 '해운대'는 자연 친화적 작품이다. 해운대는 매년 해수욕장으로 이름을 날리는 곳이다. 이 해운대는 넓고 깨끗한 백사장과 망망대해가 자리하여 풍치가 수려하다. 해운대의 이름은 신라의 석학 최치원(崔致遠)이 동백섬의 넓은 바위 위에 '海雲臺'라 새겨놓은 데서 나왔다 한다. 여름이면 이 해수욕장 모래 벌판에 수십만 인파가 밀물처럼 밀려들었다가 가을의 문턱에서는 그 많은 인파가 썰물처럼 사라지는 곳이다. 첫수는 이런 해운대의 해수욕장 풍정을 묘사하고 있다. 해수욕장에 왜 가느냐고 물으면 대부분 사람은 입을 맞춘 듯 찌들은 현실에서의 마음의 찌꺼기를 털고 더위도 식힐 겸 간다고 한다. 첫수에서 초장에 나오는 근심이 바로 그 세속에서 나오는 찌꺼기이다. 이를 '모래밭에 묻어두고' 새로운 마음, 새로운 희망의 설렘을 가슴에 안고 하룻밤을 지내면서 털어버린 그 근심과 숨겨놓은 욕심은 파도가 와서 밤새워 쓸어간다고 하여 해수욕장을 찾은 사람들이 희구하는 마음을 표현해 주고 있으며, 둘째 수에서는 새날이 밝아오며 바라보는 바다의 풍경을 모두를 비워낸 '빈 배'로 희망을 찾아 나서서 떠오르는 황금 햇살의 금빛 기운이 하늘에 가득하면 가슴을 환히 열고 이를 가슴에 담아 희망의 내일을 열고자 하는 시적 자아의 마음이 표현되어 있다. 해수욕하는 사람들의 마음이 자기화 되어 표현된 시조작품이다. 첫수가 세속적인 모습을 바탕에 두고 있다면 둘째 수는 이상적인 삶의 모습을 희구하는 심성이 바탕에 깔려 있다.

새 세상 꿈을 좇아 냇물에 몸을 띄워
고목이 흔드는 손 못 본 척 흘러가도
잔정을
삭히지 못해
붉어지는 눈시울

정들자 이별하는 인생길 끝이 없어
강어귀 드나드는 만남의 물결 보며
바람[所望]은
어깨를 넘어
앞서가며 오란다.

－ 가랑잎, 전수 －

조락(凋落)의 계절 그 흔적이 가랑잎이다. 일반적으로 이는 삶의 잔해(殘骸)로 꿈이 이울음을 뜻한다. 그런데 강 시인은 이 '가랑잎'을 새 희망을 품고 새 세상을 찾아가는 나그네의 모습으로 작품의 첫머리를 열어 희망을 배치하고 작품의 중간에 애상의 마음을 앉혀놓고 다시 끝마무리를 희망서린 마음으로 표현하고 있다. 가랑잎이 붉게 마르는 것을 그간 삶에서 느꼈던 '잔정을 삭이지 못해' '눈시울'을 붉히는 것으로 보고 있다. 또한 이별을 오히려 '만남의 물결'로 보며 소망이 앞장서 가며 손짓한다고 표현하고 있다. 이 작품은 가랑잎이라는 자연물을 인생에 비유하여 표현한 점이 눈길을 끄는데 시상을 밝음에서 어두움으로 어두움에서 밝음으로 전개하고 있다. 전체적으로 묵시적 심상이 지배하는 천상지향적인 시조로 절망 앞에 희망이 보이는 시조이다.

보름날 달빛 아래 찾아 나선 구도의 길
수평선 끝에 올라 마주한 험한 세상
어망에
걸린 몸부림
바닷물도 출렁인다

깜깜한 톱밥 속에 등짝을 서로 밟고
칼날 같은 발톱에 감추어둔 귀향길
희망의
햇빛 드는 날
해풍 내음 맡는다

고향 하늘 그리며 두 손으로 빌어보고
용왕님 전한 말씀 거품 물고 아뢰어도
육신은
해탈을 위해
맑은 물로 씻는다.

– 꽃게, 전수 –

꽃게는 갑각류 바다 생물로 다문다문 몸 곳곳에 붉은 무늬가 있다. 그 이름의 유래는 조선조 실학파 이익이 쓴 〈성호사설〉에 보면 '곶게'라 적고 '곶'은 꼬챙이이기에 꼬챙이처럼 생긴 게라고 하여 '곶게'란 이름이 붙었는데 이것이 음운전이가 되어 오늘의 꽃게가 되었다고 한다. 그런 꽃게가 오늘날에는 밥상머리에서 아주 귀한 대접을 받는 음식이 되어 있다.

이 시조는 꽃게가 시적 자아가 되어 시상을 이끌어가는 작품이다. 첫수는 보름달 빛 아래 '구도의 길'을 찾아 나선 꽃게가 인간 중심 사회인 '험한 세상' 그물 밖 세상과 마주하고 '어망에 걸린' 신세가 되어 파닥거림을 표현하고 있다. 종장 '바닷물로 출렁인다.'는 꽃게가 파닥임을 감각적으로 잘 표현한 말이다. 이어 둘째 수는 잡혀 올라온 꽃게가 뱃전에서 톱밥에 싸여 차곡차곡 궤짝에 담기는 모습을 표현한 부분인데 둘째 수 종장은 역설적인 반어법이 쓰였다. 생의 마지막 길에 삶의 현장 냄새를 맡는 꽃게의 슬픈 운명을 시인은 '희망의/ 햇빛 드는 날/ 해풍 내음 맡는다.'라고 표현하고 있다. 그리고 셋째 수는 이제는 돌아갈 수 없는 꽃게의 '고향 하늘'(-어쩜 연평도 바다 위의 하늘이라도 그리는 것일까.)을 그리워하며 삶에 의지를 용왕에게 하소연하고 애원하려고 '거품 물고 아뢰지만' 헛일이고 이미 육지에 닿아 '해탈(죽음)을 위해 맑은 물로 씻는다.'하여 생의 마감을 예고하고 있다. 이 시조는 '어망에 걸림' → '희망의 햇빛' → '육신의 해탈'로 이미지를 이동시켜 꽃게잡이의 모습을 순차적으로 실감나게 묘사하고 있다. 이 시집 가운데 가장 뛰어난 연시조가 아닌가 한다. 연시조 작품이면서도 단시조에서의 기본 수법인 종장의 점층적 맺음을 잘 살려 썼다.

안개 낀 산허리에 의로운 터줏대감
계절이 지나가도 초록빛 단벌옷에
절개를
곧추세우고
침묵 속에 서 있다

비바람 맞서가며 견뎌온 비탈진 삶
설움은 앙금 되어 송진으로 굳어지고

한숨은
바람에 실려
수풀 속에 스민다

삭풍에 숨을 거둔 뭇 생명 자란 터에
육신이 삭은 먼지 구름처럼 흩어져도
영혼은
솔 향에 젖어
천 년 삶을 꿈군다.

– 소나무의 전설, 전수 –

위 시조에서 시어로 쓰인 '절개' '비바람' '천년 삶' 등은 그 동안 소나무를 표현할 때 보편적으로 쓰인 일상적인 이미지이다. 그래서 이런 말은 시어로서 신선감은 덜하다. 그러나 '초록빛 단벌 옷' '설움은 앙금' '육신의 삭은 먼지'같은 시어의 배치는 이 작품에 새로움을 느끼게 한다. 시조에서의 중심 심상은 체언인 명사나 명사형이 이끌고 이를 신선한 이미지로 만들어주고 역동성을 가지게 하는 것은 주로 용언인 동사나 형용사 같은 서술어가 담당한다. 따라서 이 시조에서 역동성과 신선감을 자아내주는 것은 '맞서가며' '비탈진' '앙금 되어' '스민다' '거둔' '젖어'와 같은 시어들이다. 그럼에도 불구하고 이 작품이 의지를 표출하는 표의적 심상 중심의 시조로 인식되고 있다. 이 시조는 불굴의 정신, 불패의 마음 자세가 나타난 작품이다. 위 시조에서 빛나는 시구는 모두 각 수 중장에 배치되어 있다. 그 중 가장 빛나는 구절은 '설움은 앙금 되어 송진으로 굳어지고'이다. 설움이 변이되어 앙금이 되고, 그것이 송진으로 굳어진다고 하여 시상이 전이되는 과정이 아주 자연스럽고 새롭다. 이 작품에도 은유적 시어가 빠지지 않고 등장한다. 소나무를 '터줏대감'으로 푸른 솔잎을 '초록빛 단벌옷'으로 역경의 경지를 '비바람' '삭풍'으로 표현하고 있다. 이 작품엔 예로부터 보여주었던 십장생(十長生)의 모습이 나타나 있다.

> 겉옷도 못 추스른
> 허기진 노숙 인생
>
> 하얀 눈 이불 삼아
> 추운 밤 지새우며
>
> 나이테
> 속살에 새겨
> 질긴 삶을 잇는다.
>
> \- 겨울나무 2, 전수 -

이 "겨울나무 2"는 노숙자의 고단한 삶을 빗대어 표현한 작품으로 이해된다. 지하철 역 계단에서 빈 깡통 앞에 놓고 쭈그려 앉은 꾀죄죄한 몰골이 떠오른다. 이 시조집에 실린 단시조 가운데 가장 시적이고 현실성이 짙게 배어 있는 수려한 작품이다. 초장에 잎이 다져 앙상하게 가지만 뻗치고 서 있는 나무를 겉옷도 못 챙겨 입은 초라한 노숙자의 모습으로 표현하고, 중장에서는 눈 맞아 눈을 덮고 밤을 새우는 나무의 형상을 하얀 눈을 이불 삼아 덮고 추위를 견디며 잠 못 들어 뒤척이는 모습으로 형상화해 놓고 있다. 그리고 종장에서는 누구도 알지 못하는 세월의 흔적인 나이를 속살에 새기며 모질게 질긴 삶을 이어간다고 표현하고 있다. 겨울나무를 노숙자로 환치하여 표현해낸 그 시적 상상력이 참 신선하다. 자연물에서 찾는 시적 안목이 인사와 잘 조화롭게 접맥되어 있다. 이런 시안(詩眼)은 시인만이 가진 특권이다. 이 작품은 그런 특권을 강 시인이 잘 살려 쓴 것이라 생각한다.

다음은 동시적 감흥을 살려 쓴 작품이 눈에 띄어 이를 소개한다. 아래 두 작품에는 문학 본래의 모습인 순수가 배어 있다.

> 눈물이 넘쳐나는
> 가을산 보시나요.
>
> 능선마다 이별이
> 골짝마다 한숨이
>
> 마지막
> 색동옷 입고
> 얼싸안고 춤춘다.
>
> – 단풍, 전수 –

속어(俗語)에 여자는 봄을 슬퍼하고 남자는 가을을 서러워한다는 여자상춘(女子傷春)이요 남자비추(男子悲秋)란 말이 있다. 그래 그런지 가을은 서러운 눈물의 계절인가 보다. 이 작품에서 초장엔 이런 심정이 표현되어 있다. 그리고 중장은 잎 지는 가을이기에 나무와 잎이 다투어 이별을 고하니 골짝마저 서러움에 한숨을 쉰다고 하고 있다. 종장에서는 단풍든 산의 나무들을 아동(兒童)으로 보고 그 경치를 '색동옷 입고'라고 표현하였다. 종장 '얼싸안고 춤춘다.'는 말은 가을바람에 흔들리는 나무들의 쓸쓸한 모습을 오히려 다정다감하게 표현한 말이다. 표현은 동시(童詩)의 경지는 넘어섰지만 그 속에 숨은 마음씨는 동심(童心)이 살아 움직이는 것 같다.

구름 사이 놀던 빗물
번갯불 타고 와서

유리창에 부딪혀
땟자국 씻어내고

서로들
개울에 모여
이야기 꽃 피워요.

- 소낙비 1, 둘째 수 -

아기자기하게 짜인 한 편의 훌륭한 동시조이다. 동심의 세계가 그대로 반영되어 있다. '빗물'은 구름 사이에서 놀다가 '번갯불 타고 와서' 유리창에 낀 땟자국을 씻어낸다고 하였다. 또 '서로들/ 개울에 모여/ 이야기 꽃 피워요.'했다. 얼마나 꾸밈이 없는지 보라. 마치 어린아이들이 모여 소꿉장난이라도 하는 것 같지 않은가. 이 작품은 다정다감한 어린이의 모습을 꽤나 닮았다. 빗물이 번갯불을 타고 온다고 한 것이나 개울에 모여 이야기꽃을 피운다고 한 것은 신선한 발상이어서 이 작품을 보다 급높게 만들어 주는 장치가 되고 있다.

3.

문학작품은 사람마다 가지고 있는 성품과 취향, 그리고 삶의 경험에 따라 그 색깔이나 강도는 저마다 다르다. 그래서 문학은 개성이 가장 잘 반영된 문학이라고 한다. 시인들은 자연을 배우고 자연에서 삶의 의미를 터득하기도 하고 자연을 이용하기도 한다. 그렇게 하여 쓴 작품들은 자연과 하나가 되어 공감의 세계를 형성하여 독자에게 유열감과 감흥을 전달한다. 시조는 한

옥과 같다. 그래서 대목장이 끌로 나무에 사개를 파서 빈틈없이 들어 맞춰 기둥에 대들보와 서까래를 올린 다음 문틀과 문짝의 무늬를 만들어 아름다운 한옥을 짓듯이 시조를 쓰는 시인도 시조의 사개와 얼개가 잘 들어맞도록 일정한 틀에 언어들을 골라 사개를 맞추고 무늬 있는 시어들을 배치하여 앞뒤가 호응하는 작품을 생산해 내야 한다. 다행히 강임구 시인은 이를 터득하고 이를 실천하려 노력하여 빚어낸 작품들이 주류를 이루고 있다. 강 시인의 시조집 『닿는 발길마다』에 실릴 100여 편의 작품은 거의 다 의인화가 이루어지고 있으며 그 제재와 소재들은 소박미를 자랑하고 있다. 또한 시조 밑바닥에 깔린 밝은 이미지들이 작품 속에서 묵시적으로 승화되어 표출되고 있고, 적절한 은유 사용으로 작품의 품(品)을 높이고 있다. 강 시인은 일상 속의 일들을 깊이 있는 관찰력과 통찰력으로 자기화한 다음 이를 상상적 시어로 엮어 하나하나의 작품을 생산해 내고 있다. 즉, 고유의 시적 상상력으로 시인의 마음을 사물에 투영하여 다양한 관점에서 시화(詩化)하고 있다. 이는 그가 살아온 삶의 궤적에서 자연적으로 흘러나온 결실들이라 본다. 특히 구김살 없는 시상을 밝은 시어로 전개함은 강 시인만이 가지고 있는 특징이다. 앞으로 강 시인이 보다 깊고 보다 폭넓은 문향의 세계를 개척하여 중도 한밭을 넘어 한국 시조단의 큰 버팀목이 되기 바라며 그의 굽이치는 시심이 솟아나는 시조 샘을 더 깊이 파서 생기 넘치는 시조들이 우리 앞에서 향기를 뿜으며 나타나기를 빈다.